DU DÉNOUEMENT
DE LA CRISE.

> Le rapporteur expose le danger de voir la Chambre envahie par des factieux ; et parce qu'on ne pourrait plus la dissoudre, exerçant elle-même le droit de dissoudre la monarchie.
>
> (*Annuaire historique pour* 1820).

PARIS,

A. PIHAN DELAFOREST,
IMPRIMEUR DE MONSIEUR LE DAUPHIN ET DE LA COUR DE CASSATION,
Rue des Noyers, n° 37.
1829.

Extraits de l'Annuaire historique pour 1820.

La monarchie légitime et la liberté sont les conditions absolues de notre Gouvernement : séparez la liberté, de la légitimité, vous allez à la barbarie. (*M. Royer-Collard*).

Faut-il changer la loi pour conserver la monarchie légitime, ou faut-il changer la monarchie légitime pour conserver la loi ? (*Le rapporteur de la commission*).

L'existence de la faction révolutionnaire, de cette faction irréligieuse, immorale, amie de l'usurpation, ennemie de tout frein, de toute autorité légitime, vous a été signalée. Elle parle dans les journaux ; elle siège dans les comités directeurs. (*Le Garde des sceaux*).

Cette puissance de faire une révolution, à qui peut-elle appartenir aujourd'hui ? interrogez vos consciences et demandez-vous où gît, en France, le pouvoir des révolutions. (*Le ministre des affaires étrangères*).

Si on nous reproche notre conduite politique, notre alliance avec ce qu'on appelle le parti de l'aristocratie, si on en demande le motif, le voici : c'est la peur de périr. (*Le même ministre*).

L'idée de liberté effrénée s'engendre et se promène à l'aise, dans des cerveaux vides : toute prête à se retirer, à se tapir en quelque recoin, aussitôt qu'un autre sentiment vient remplir le creux.

Et justement la liberté est d'autant plus prônée, à l'époque même, où la dégénération morale s'oppose à ce qu'elle soit comprise en son vrai sens, où la civilisation matérielle exige qu'elle soit contenue sous des limites étroites.

Il y a une démarcation tranchante, une solution de continuité, pour ainsi dire, entre la classe mitoyenne qui se sent tourmentée de la faim-valle de liberté, et les classes inférieures que tenterait aussitôt le festin qu'elle se serait préparé ; auxquelles la force ne manque pas pour lui ravir sa pâture.

Il y a une tendance illimitée, exagérée de l'industrie, dont le caractère inévitable est de monopoliser en peu de mains, la fabrique maintenant manœuvrée à la mécanique ; et par conséquent de créer une nation d'ilotes, une race de serfs qui, abrutie et appauvrie à la fois, au premier instant de détresse, se révolte contre ses maîtres, à défaut d'une autorité énergique.

Il y a une nécessité relative du développement des armées, lesquelles commandent l'exorbitance des impôts au point de n'être plus perçus qu'avec l'appui de la force, et sans aucun souci pour l'idéal ou même pour le réel de la liberté, après les succès, offrent au premier venu, de lui soumettre la patrie.

D'où, les vrais amis de la liberté sont empressés à resserrer son domaine dans la crainte qu'il ne soit envahi ; au lieu que les faux amis de la liberté aspirent à étendre ses conquêtes, que doit dévorer l'anarchie, l'oligarchie ou la tyrannie.

Le principe a été exposé ailleurs.

« Pour les princes comme pour les peuples, dès lors « qu'ils se sont chargés d'une somme d'autorité ou de li- « berté supérieure à leur capacité, le faix les écrase : et « comme la fausse honte empêche de s'en débarrasser, il « leur faut mendier quelque appui pour les soulager, et « déléguer une forte part de la tâche.

« Ainsi apparaissent dans les empires, les proconsuls « et les pachas, les préfets du prétoire et les maires du « palais : ainsi pendant les révolutions, surviennent les « Cromwel, les Buonaparte, les Bolivar, auxquels la li- « berté inquiète de ses périls, fatiguée de ses écarts, se « livre pieds et poings liés. »

(*La Péninsule en tutèle*, janvier 1828, page 58.)

Le monde va ou plutôt s'en va.

Le principe de décadence est essentiel : la révolution en fut le premier symptôme : la crise n'a été interrompue que par l'effet de sa violence même.

La restauration bien entendue aurait porté du calme, aurait offert une pause ; et mal menée, tour à tour poussée de droite et de gauche, elle a agité, irrité.

A cette heure, la résistance et par conséquent la violence, devant être moins intenses, une nouvelle crise amènerait le terme fatal.

Nulle puissance humaine n'est capable de faire rebrousser le cours des choses.

Un jour ou l'autre, l'ordre social sera bouleversé de fond en comble ; l'Europe passera sous le coup des vicissitudes subies par l'Amérique.

Ce n'est qu'après une période prolongée, que ces contrées épuisées, harassées, parviendront à un nouvel ordre d'organisation.

Or, il n'y a moyen que d'adoucir quelque peu le passage, que d'ajourner peut-être l'époque de la rénovation politique.

Et l'on conçoit que le mode approprié, ne réside pas dans l'emploi de la force, qui tient si peu sous la main; mais dans l'usage des voies conciliatrices qui rallient les esprits.

Il faut détacher de la masse insurgée, tels et tels fragmens les moins réfractaires; d'où son poids sera diminué.

Il faut se rapprocher d'un pas lent et libre en apparence, du siége de la masse, dont le choc deviendra moins impétueux.

Un système mitoyen est nécessité, par l'état des circonstances, à l'aspect des présages.

Même, sans en tenir compte, les agens inévitables d'un système extrême étant atteints aussi par l'esprit du siècle, viendraient en intervertir la marche : vérité importante qui n'est pas aperçue ou n'est pas avouée, qui sort vivante du souvenir des derniers temps, qui tranche nettement la question.

Seulement, le système mitoyen doit-il être appliqué par un cabinet mitoyen?

On aurait été tenté de le croire par instinct, par analogie : surtout on aurait souhaité que cela s'effectuât.

En théorie, ce serait un sujet de thèses interminables : en pratique, l'évènement plus bref en argumens, plus certain en résultats, a parlé.

Il y a, comme on l'a vu, dans un cabinet mitoyen, trop de tendance à concéder à la force apparente.

De plus, il y a, par suite de l'humeur souvent inconsidérée du parti extrême, une répulsion dans le sens inverse.

Et c'est chose claire, qu'au moment actuel, le retour d'un tel ministère serait encore plus exposé à ces deux inconvéniens.

Tellement qu'on ne peut rien attendre que d'un cabinet fortement prononcé.

En point de droit, il apparaît que sa résistance effraye plus, que ses avances flattent davantage : effets très favorables.

En point de fait, il apparaît l'exemple de Wellington, qui a réalisé des conceptions libérales, jusqu'alors censées impraticables.

« Attendez un an : attendez qu'il y ait plus de scandale et de ridicule, que plus d'existences soient inquiétées : alors vous serez accueillis comme des sauveurs. »

C'est ainsi que le sort avait réglé les destinées

d'un soldat fameux : c'est ainsi que la parole tentait de garantir celles du ministère.

La parole ne fut pas écoutée, il y a six mois : le souvenir en revient peut-être à cette heure.

L'homme de fortune, l'homme de génie ont ce rapport frappant, qu'ils entrent dans les choses, l'un à son insçu, l'autre par l'effet de son art.

Et là, est toute la puissance, toute l'espérance.

Cette opinion publique qui ne s'enfle de vanité qu'en ce qu'elle manque de mémoire, n'est en France, qu'une machine qu'on monte et qui joue.

Etant dépourvue d'un principe virtuel d'action, ses mouvemens ne proviennent que de l'impulsion ou de la répulsion.

Aussi son cours, bien qu'il soit ascendant en général, est cependant dans un intervalle donné, balotté d'oscillations en oscillations, en sens contraire, en mesure égale.

Sous une longue période de royalisme, d'abord trop prospère, ensuite si fatale, le balancier de l'opinion ayant été poussé à gauche ; il fallait une certaine durée de libéralisme pour le repousser vers la droite.

Or, l'avènement du cabinet avant terme, non-seulement n'a point trouvé les esprits bien préparés, mais encore a fait retourner les dispositions naissantes.

L'avant dernier ministère voguait le vent en

poupe; le cabinet actuel a le vent debout: il faut au gouvernail, l'œil juste, la main ferme.

On n'est pas tenu à accueillir les missions politiques qui sont offertes; on est contraint après l'acceptation, à poursuivre leur accomplissement.

Le précédent ministère, restant en place, cette chance qu'il avait déja manqué de saisir, pouvait se fortifier et l'emporter lui-même.

Les centres commençaient à subir la loi de réaction : dévoués à être rejetés d'une peur à l'autre, c'était l'extrême gauche au lieu de l'extrême droite qui les effrayait.

Au huit août, la peur a fait volte face : les premières empreintes se sont ravivées dans la mémoire, ont effacé les impressions nouvelles.

Si le cabinet actuel se retirait; dans le centre gauche surtout, la peur a consumé les forces, de sorte que la résistance serait nulle; la peur a troublé les sens, jusqu'à pousser aux dernières extrémités peut-être.

Le nouveau ministère, pris dans ses rangs, ne tiendrait pas contre les efforts concomitans de la gauche que suit l'opinion vulgaire, et de la droite qui, le voyant céder sur tous les points, préfère avec raison combattre un ennemi déclaré.

Bientôt apparaîtrait l'extrême gauche, laquelle est, de sa nature, appelée à hâter le mouvement de la dissolution sociale, est favorisée dans cette tâche, par la virulence de la crise des esprits.

Enfin, comme le mal dont le cours ne rencontre point un terme final, est forcé de changer ses fauteurs, dont la puissance est finie en fait de crimes; ce parti débordé et refoulé, vainement en viendrait au repentir.

Epouvantable, inévitable avenir!

L'avènement du cabinet ouvrit les chances; sa retraite entamerait, achèverait l'œuvre.

Supposons l'entrée du centre gauche au ministère.

Il tient à la royauté : seulement au lieu de la consacrer sous les formes d'une pyramide à large base, il entend la tailler en façon d'obélisque, à peine posé sur le sol et pointant dans les nues.

Il tient même à la légitimité : toutefois en tant qu'elle se prête aux plus pénibles retranchemens, et surtout s'abandonne sans réserve, à la merci des opérateurs.

C'est-à-dire que l'une et l'autre doivent être, comme elles ne peuvent être ; que les conditions de vie, à son entente, sont en réalité, des conditions de mort.

Encore, le centre aura mis la couronne sous le joug, à l'aide des forces de la gauche.

Mais contre ces forces qui vont se révolter, n'ayant pour armes de défense que des dogmes, il lui faudra céder devant elles, se soumettre aux ordres, se rendre l'agent des complots, des conspirations.

En peu d'instans, l'Etat sera désorganisé.

La justice, l'armée, toutes les deux et celle-ci

surtout, trop disposées en ce sens, aussitôt imprégnées des doctrines proférées d'en haut, ne tarderont pas à subir une réformation radicale.

On crie contre les auditeurs : on applaudira au tiercement des tribunaux et des cours, qui doit changer totalement leur esprit.

On crie contre les passe-droits : on applaudira à la mise en retraite des uns, à l'avancement en masse des autres, au changement des officiers-généraux et supérieurs; de sorte que l'armée deviendra au moins impériale :

Sous l'exception dûment motivée, que la Garde que les Suisses seront rayés du contrôle.

Pour lors, vienne la France rappeler le Roi ! veuille la France le remettre sur le trône !

Privé de tout appui, le trône croule.

Poursuivons.

Les sentimens sont consanguins : l'ame ne fait qu'un. A peine inoculé sur quelque point, le venin se propage de fibre en fibre, circule dans tout l'être, en altère, en corrompt la substance même.

Voyez déja la haine de la royauté, le mépris de la religion, non pas voués à naître au même instant, mais destinés à se rejoindre bientôt, à s'unir intimement, à se nourrir mutuellement.

Plus de royauté! plus de religion!

Soit parce que l'homme étant dégagé d'un devoir, à l'insu de sa volonté, il n'y a plus de motif à sa volonté, pour rester attaché à un autre devoir :

Soit parce que ces deux puissances presque solidaires, n'ayant pu manquer de se porter secours, la défaite de l'une n'est complette qu'au moyen de la ruine de l'autre.

Et ne croyez pas qu'il suffise à la vengeance invétérée, à la crainte renaissante, de réduire la dotation du clergé, d'abolir les dons départementaux et communaux.

L'influence morale persisterait, s'accroîtrait peut-être : aussi les sarcasmes, les injures, les calomnies seront suscitées, commandées sur un ton de plus en plus renforcé.

De là, si les tièdes faiblissent, si les lâches renient, par contre des fidèles se lassent d'endurer, des prêtres sont contraints à résister : et comme on sait, le crime honteux de lui-même, se sent provoqué au seul aspect de la vertu.

Attendez-vous aux vexations, aux persécutions continuées sans relâche, aggravées sans cesse : d'autant qu'elles ne peuvent obtenir qu'un redoublement de ferveur.

Malheureux bourreaux! qu'assiège une foule

de prétendans au martyre, que menace un retour de la vindicte publique, toujours émue pour les opprimés, toujours excitée contre leurs oppresseurs !

Faut-il parler de la dépravation des cœurs, de la dégradation des esprits, de la dégénération des caractères, qu'ont amenées des troubles indéfiniment prolongés et des systèmes soudainement changés.

Le calme, le temps étaient les seuls remèdes curatifs : et le calme est interrompu dans ce travail ; le temps n'est pas laissé à l'œuvre.

Au contraire, l'anarchie s'est vue instituée par la loi, dans les journaux, dans les colléges, comme à l'effet d'entretenir, d'accélérer les progrès du mal.

Or, si la frénésie des passions, si le fanatisme des doctrines enlevaient, usurpaient les siéges, sur lesquels est installé au moins en titre, le pouvoir, autour desquels n'apparaîtrait alors que son ombre vaine ; que serait-ce donc ?

Dieu seul peut le concevoir :

Déja en morale, en politique, en littérature, règnent au-pair et d'accord, les écarts, les excès de toute sorte.

Le pays de loyauté, de courtoisie, de grace, s'est évanoui, ne laissant en son lieu, qu'un bois de trahison, de calomnie, de turpitude.

Telle est l'influence de cet état de choses, que les âmes perdent tout ressort, et deviennent impuissantes à réagir sur elles-mêmes; ainsi condamnées à passer par degrés successifs, toujours de pire en pire, jusqu'au terme extrême de l'ignominie.

Sauf que la loi enfin sage, enfin rentrée en sa force et investie de la durée, n'y vienne mettre ordre. »

Certes, ces caractères ne promettent pas de se former à travers le chaos des crises perturbatrices, de se fixer dans la lutte interminable entre mille et mille ambitions.

Laissons à l'écart, jetons de côté cette race issue de la révolution et de l'usurpation, ce semble dévouée à servir de victime expiatoire, et désormais échappée à toute influence morale.

Mais est-ce donc qu'on abandonnerait la génération apparue depuis la restauration, que l'impulsion de l'exemple pousse sur les mêmes voies et que retient encore un certain instinct de nature.

Hélas! en peu de jours, car les jours valent

des années, et sans doute pour des siècles; voilà qu'il est étouffé, enseveli, cet instinct, ce sentiment inné plutôt.

Voilà, que la France future va répéter la France présente; non sans cette progression rapide, qui en fait de mal, découle de source, au lieu qu'en fait de bien, elle n'est obtenue qu'à grande peine.

C'est-à-dire, que la génération d'espérance, calquée à l'image de l'espèce du jour, n'aura plus à discerner le juste de l'injuste, ni le vrai du faux, à connaître seulement si l'un et l'autre ont l'existence, ont quelque différence :

N'aura plus dans l'ordre religieux, dont le principe trace en tête, la ligne de démarcation entre l'homme et la brute, aucune attention à porter, aucune notion à saisir ou à accueillir;

N'aura plus dans l'ordre social, la moindre part, ni en l'expérience de ce qui fut, ni en la connaissance de ce qui est, ni en la prescience de ce qui sera;

Enfin, n'aura plus dans l'ordre intellectuel, l'usage des exercices consécutifs, de l'examen, de l'analyse, du jugement, pas même de celui du doute.

Car, c'est à ce point que la France actuelle se voit abaissée et ravalée, sous l'empire abrutissant des factions, des comités, des journaux.

Général d'armée, capitaine de vaisseau, membre du cabinet, le devoir est le même : périr à son poste ou du moins quitter la partie le dernier.

Quand même, au milieu d'une bataille acharnée, ou d'une tempête affreuse, ou d'une crise subversive, l'ordre viendrait de se retirer.

« Demain, faudrait-il répondre : demain sera le jour de l'obéissance ; aujourd'hui est le jour du dévouement : demain, soit que les périls aient été surmontés, soit que le sacrifice ait été consommé, qu'un autre vienne ou jouir du triomphe, ou fouler la tombe. »

Du reste, rien n'ébranle.

« La majorité sera contre le cabinet, dira quelqu'un. »

C'est contre la majorité qu'a été conçu le cabinet : le cabinet est institué à l'effet de combattre la majorité. Faudrait-il que sa mission avorte au moment même, au seul cas où elle ait à s'exercer?

Et la question peut être posée en deux façons, que la majorité fasse le cabinet ou que le cabinet fasse la majorité, le résultat est le même. D'où vient qu'on ne tenterait pas la dernière chance avant de subir la première?

Mais sa solution est impossible dans le sens général, car parmi des pouvoirs rivaux, il n'y a pas d'alliance durable ; est impossible dans l'état actuel, car il n'y a pas de majorité pleine et fixe, pour y attacher, y enchaîner le cabinet.

Qu'on fabrique une chambre qui de 1827 à 1828 ne saute point de l'un à l'autre extrême, qui de 1828 à 1829 ne change pas d'esprit, au moins dans les centres.

On aura, en place d'opinions variables, une volonté permanente : on aura un être enfin.

Entre l'être de la royauté et l'être de la chambre, il existera un rapport, au lieu d'un contraste.

Alors il faudra réfléchir : il faudra rechercher si c'est le Roi ou la chambre qui règne; puis, si ce sont les ministres qui administrent. Voilà tout.

« La majorité sera contre le cabinet. »

Entendons-nous. Il s'agit de la majorité d'aujourd'hui, en 1830, qui n'est pas celle d'hier, en 1829, qui ne sera pas celle de demain, en 1831.

Et prenons garde que ce ne soit celle du matin, à l'aurore de la session, non pas celle du soir, lors de son déclin, lesquelles différaient fort en 1829.

Surtout prenons garde que la majorité d'hier, sur le point d'être ensevelie, ne ressuscite sous les formes de la majorité d'aujourd'hui; ou que celle d'aujourd'hui, non loin d'expirer aussi, ne soit ranimée, ne se représente au lieu et au titre de celle de demain.

Or, c'est ce qu'on verrait si le cabinet se retirait devant la chambre, attendu que le fait commande à tout ce qui est faible d'esprit ou de caractère.

On verrait s'anéantir la majorité appelée à succéder; car la majorité existante ayant porté le coup et se mettant en autorité, ne manquera pas d'étouffer le germe naissant.

Tellement que par un seul et même acte, la lâcheté se soumettrait à la majorité de la veille, et la tyrannie repousserait la majorité du lendemain.

En somme, toutes les fois qu'il y a oppression présente de la chambre sur le cabinet, il y a oppression subséquente du cabinet sur la chambre : entre ces deux corps, l'action, la réaction sont mutuelles; et l'influence dans un sens, appelle la contre-influence dans l'autre.

C'est vraiment un cercle vicieux.

Encore, cette majorité équivoque qui trouble l'esprit, abat le cœur, se compose au plus de trente boules, dont seize seulement, en passant du noir au blanc, la montreraient sous la face opposée.

Seize boules font la loi à la couronne tutélaire, à la chambre répentante.

Et tout est consommé : car il faudrait une contre-révolution, à la suite d'une révolution ; cellelà dont la chambre ne voudra pas ; celle-ci que le cabinet aura voulu.

Qu'il se retire plutôt : non devant la chambre dont il a peur ; mais devant un cabinet qui n'aît pas peur.

Entre le devoir et la peur, l'opposition est constante : tu vas périr, s'écrie la peur ; je veux périr, répond le devoir.

D'autant que l'une s'agite, d'autant l'autre est résolu ; c'est la menace même qui commande de la braver.

De même, entre la peur et le pouvoir, il y a incompatibilité. La peur se montre-t-elle en tête, le pouvoir déserte et passe du bord ennemi : celui-ci était en force de vaincre ; celle-là suffit pour amener la défaite.

La peur crée le péril : il existait au plus faible degré, ou même il n'existait qu'en idée : voilà que la peur le couve, le nourrit; et d'un embryon fait un géant, d'un fantôme fait un monstre : puis elle s'enfuit épouvantée de son œuvre.

Mais qu'on lève la tête, cette tête posée à l'effet de fixer le ciel même : et qu'on laisse tomber un regard, qu'on le laisse percer à travers les vaines brumes, qui voilent ici bas, la vérité des choses.

Qu'y a-t-il donc à craindre de la chambre ?

Elle n'a à ses ordres, sous sa main, ni des soldats, ni des juges, pas même des recors.

Une tribune est son trône : des paroles sont ses armes : au fond de l'urne, gît le trait de foudre. Dieu garde qu'on l'en dépouille : Dieu garde surtout qu'on s'en effraie.

Il faut la voir venir. D'abord apparaît l'adresse; et décente, elle est accueillie ; insolente, elle est réprimée.

Ensuite s'ouvre la discussion : et les injures, si elles ne sont pas rétorquées, passent à la charge de ceux qui les profèrent; et les amendemens qui amendent, sont acceptés; ceux qui altèrent, sont rebutés.

Enfin arrive le scrutin : et comme les projets étaient conçus dans la vue du bien public ; tant mieux pour le pays, si les boules sont blanches; tant mieux pour le cabinet, si elles noircissent.

Après tout, le budjet seul est indispensable au maintien de l'existence sociale: or, sera-t-il adopté ou rejeté?

Cela dépend : si la majorité est certaine que la couronne inflexible, voit dans la question et son devoir et son salut, le budget passe.

Si la majorité compte sur sa faiblesse, le budget ne passe pas.

Le choix est à faire, ou de prendre ou de renvoyer la peur.

Poussons à l'extrême, supposons le pire.

Il y a refus.

Trois jours en auront raison. Que le Roi attende trois jours seulement avant de changer ses ministres.

Et voyez la bourse, car la bourse fait la patrie; voyez dix et vingt francs de baisse sur le trois; puis écoutez les plaintes, les reproches, les anathèmes.

Pauvre chambre, ou plutôt pauvre majorité!

Ne parle-t-on que de la chambre? Heureuse, si la pitié lui vient en aide, si l'indulgence se prête à permettre au remords, de reprendre le budget.

Parle-t-on de la majorité? Honteuse, elle s'est dispersée vers tous les rumbs de vent : la majorité d'hier s'évanouit; la majorité de demain se lève au bord opposé de l'horizon.

Alors le budget est représenté, est voté par acclamation.

Mais qu'est-ce donc que cette menace du refus, que cette ligue d'associations?

Les impôts sont votés pour plus d'un an. Avant ce terme, combien de chances de toute sorte, adviendront?

Les impôts votés ou non votés rentreront pour quatre ou cinq cents millions, en produits de l'enregistrement, des douanes et des sels, des boissons et des tabacs, des forêts, des patentes et de la poste, de la loterie.

Avec cette somme, il y a de quoi payer l'armée, même à double solde, et la justice et l'administration; il y a de quoi entretenir la vie, soutenir les forces de l'être politique.

Eh! qu'on refuse, qu'on se ligue!

La royauté reste en paix, jusqu'à ce qu'un cri parte de tous les points de la vraie France, priant et suppliant qu'elle daigne dissoudre la chambre insurgée.

La royauté reste en paix, tandis qu'au sein des collèges, réunis de nouveau, ses serviteurs se raniment, et les neutres se rallient, et les ennemis se refroidissent, se divisent; car tel est l'effet d'un coup de force.

La royauté reste en paix, sauf qu'un sort fatal ne ramène une chambre pareille, qui à l'instant même est dissoute, est remplacée selon un nouveau mode d'élection.

Car enfin, entre cette majorité électorale, instituée par une fiction, dégénérée en une faction, et la royauté légitime, la nation réelle, existences immémoriales, immuables, si le nœud ne peut se dénouer, il faut le trancher (1).

« Non, la France ne veut pas que le Roi rende son épée. » (*M. Royer-Collard*, 1820.)

(1) *La Royauté*, page 18—35.

www.ingramcontent.com/pod-product-compliance
Lightning Source LLC
LaVergne TN
LVHW010259230826
846091LV00007B/3055

* 9 7 8 2 0 1 1 7 8 6 6 2 3 *